T0391308

Búfalo de agua

Grace Hansen

Abdo Kids Jumbo es una subdivisión de Abdo Kids
abdobooks.com

abdobooks.com

Published by Abdo Kids, a division of ABDO, P.O. Box 398166, Minneapolis, Minnesota 55439.

Printed in the United States of America, North Mankato, Minnesota.

102022

012023

Spanish Translator: Maria Puchol

Photo Credits: Alamy, iStock, Shutterstock

Production Contributors: Teddy Borth, Jennie Forsberg, Grace Hansen
Design Contributors: Dorothy Toth, Pakou Moua

Library of Congress Control Number: 2022939361

Publisher's Cataloging-in-Publication Data

Names: Hansen, Grace, author.

Title: Búfalo de agua/ by Grace Hansen.

Other title: Water buffalo. Spanish

Description: Minneapolis, Minnesota: Abdo Kids, 2023. | Series: Animales asiáticos | Includes online resources and index.

Identifiers: ISBN 9781098265366 (lib.bdg.) | ISBN 9781098265946 (ebook)

Subjects: LCSH: Water buffalo--Juvenile literature. | Asiatic buffaloes--Juvenile literature. | Animals--Juvenile literature. | Asia--Juvenile literature. | Endangered species--Juvenile literature. | Spanish language materials--Juvenile literature.

Classification: DDC 599.642--dc23

Contenido

Hábitat del búfalo de agua

Los búfalos de agua pertenecen a la familia de los **bovinos**. Es el más grande de esta familia.

Los búfalos de agua están **dispersos** por toda Asia, en países como la India, Nepal y Bután. Viven principalmente en praderas y zonas pantanosas. Siempre están cerca de zonas con agua.

Asia
Nepal
Bután
India
N
S
E
W

Los búfalos de agua pasan la mayoría del día en aguas fangosas. Esto los mantiene frescos y los protege del sol.

Cuerpo

Estos búfalos pueden medir más de 6 pies (1.8 m) de altura a la cruz. ¡Pueden llegar a pesar 2,650 libras (1,200 kg)!

Tanto los machos como las hembras tienen cuernos grandes y curvados. ¡Los del macho son más largos y pueden crecer casi 5 pies (1.5 m)!

El cuerpo de los búfalos de agua es grande y robusto. Son de color oscuro y tienen poco pelo. La punta de la cola es larga y peluda.

Alimentación

Los búfalos de agua son herbívoros. Se alimentan principalmente de pasto y hierbas. También comen plantas que encuentran en el agua.

La manada y las crías de búfalo de agua

Los búfalos de agua viven en grupos que se llaman manadas. Cada manada puede constar de 30 miembros.

Las hembras tienen crías cada dos años. Los recién nacidos pesan alrededor de 80 libras (36 kg) y la manada los protege. A los 3 años los jóvenes **machos** dejarán el grupo para formar su propia manada.

Más datos

- Los búfalos de agua tienen las pezuñas anchas, esto les ayuda a no hundirse en las zonas fangosas.

- Pueden llegar a vivir 25 años en su hábitat natural.

- Estos búfalos han sido domesticados desde hace más de 5,000 años. Son muy fuertes y con frecuencia se les ha usado para arar las tierras.

Glosario

bovino - animal perteneciente a la familia de los bóvidos, entre los que se incluye a los búfalos y al bisonte.

disperso - que se encuentra en muchos sitios.

hierba - planta de temporada que produce flor y cuyo tallo es blando, no leñoso.

macho - mamífero adulto de especies animales.

Índice

¡Visita nuestra página **abdokids.com** para tener acceso a juegos, manualidades, videos y mucho más!

Los recursos de internet están en inglés.

Usa este código Abdo Kids

AWK5973

¡o escanea este código QR!